편지

편지

초판 1쇄 2012년 2월 1일
초판 5쇄 2014년 10월 1일
지은이   이정하
펴낸이   김영재
펴낸곳   책만드는집

주소   서울 마포구 양화로3길 99 4층 (121-887)
전화   3142-1585·6
팩스   336-8908
전자우편 chaekjip@naver.com
출판등록 1994년 1월 13일 제10-927호
ⓒ 이정하, 2012

* 이 책의 전부 또는 일부 내용을 재사용하려면 사전에 저작권자와
  책만드는집의 동의를 받아야 합니다.
* 잘못 만들어진 책은 구입하신 서점에서 교환해드립니다.

ISBN 978-89-7944-381-3 (03810)

이정하 대표시

편지

책만드는집

프롤로그

다시 너를 잡는다

너를 잊고 살았다. 아니, 너를 잊고 살았으면 했다. 그동안 세월이 많이 흘렀다. 그 가파른 세월을 건너오는 동안 나는 부러 너를 외면하고자 했다. 너 따위, 지금 당장 내 삶에 필요한 것은 너 말고도 무수히 많았다. 그렇게 너는 내게서 사라지는 듯했다. 하지만, 하지만 지금 고백하자면 그럴수록 너는 더 내 안 깊숙이 똬리 틀고 있었음을 부인할 수 없다. 어쩌면 나는, 너를 내 가슴에 품지 않았던 때가 한순간도 없지 않았을까.

그동안의 것들을 정리해 한 권의 시집으로 묶는다. 솔직히 부끄럽다. 하지만 잊거나 피하기보단 추억하고 그리워하는 쪽이 낫다는 생각으로 용기를 내본다. 이제 나는 안다, 너라는 줄에 매달려 있었기에 그나마 내 삶도 버틸 수 있었다는 것. 너를 놓는 순간 나는 저 가파른 절벽 아래로 영영 떨어지고 만다는 것을.

2012년 1월

이정하

차례

프롤로그   5

하나 왼손잡이 사랑

그대 굳이 사랑하지 않아도 좋다	13
사랑의 우화	14
한 사람을 사랑했네 —序	15
한 사람을 사랑했네 1	16
한 사람을 사랑했네 2	19
한 사람을 사랑했네 3	21
한 사람을 사랑했네 4	22
사랑의 이율배반	23
가끔은 비 오는 간이역에서 은사시나무가 되고 싶었다	24
사랑이 내 삶의……	26
새벽안개	29
한 사람	30
바람 속을 걷는 법 1	31
바람 속을 걷는 법 2	32
바람 속을 걷는 법 3	33
허수아비 1	34
너의 모습	35
길의 노래	36

둘 어떤 하루

별	41
별 1	42
별 8	43
사랑	44
사랑은 1	45
사랑은 2	46
촛불	49
내 가슴 한쪽에	50
섬	52
섬 2	53
진실로 그를 사랑한다면	54
그저 그렇게	57
낮고 깊게	58
고슴도치 사랑	60
길 위에서	61
물길	63
기다림의 나무	64
내가 당신을 사랑하는 것은	66

셋 오후 2시의 카페

별에게 묻다	71
창문과 달빛	72
조용히 손을 내밀었을 때	73
기원	74
가시	75
나무와 잎새	77
자물쇠	78
눈 오는 날	79
카페에서	80
기다리는 이유	81
봄은 왔는데	83
눈물	84
떠나려는 사람은 강물에 띄워 보내자	85
밤새 2	86
밤새 3	87
복사꽃	89
가로등	90
한밤에서 새벽까지	91
사랑의 우화 2	92
추억, 오래도록 아픔	93

넷 다시, 봄

사랑의 방식	97
그대 다시 돌아오리라	98
사랑이 왜 아픈지	100
동행	103
사랑해서 외로웠다	104
바람막이	106
그대가 생각났습니다	108
꽃이 피기까지	111
난 너에게	112
그런 날이 또 있었습니다	113
사랑이라는 이름의 종이배	114
떠나간 것들은 다시 오지 않는다	116
욕심	118
사랑이라는 이름의 길	119
길을 가다가	120
유성	121
이 아침	122
꽃잎의 사랑	124
슬픈 나무	125
그 겨울	126
별이 지다	127

하나
왼손잡이 사랑

그대 굳이 사랑하지 않아도 좋다

정호승 님의 시 「부치지 않은 편지」를 읽고

그대 굳이 아는 척하지 않아도 좋다.
찬비에 젖어도 새잎은 돋고
구름에 가려도 별은 뜨나니
그대 굳이 손 내밀지 않아도 좋다.
말 한 번 건네지도 못하면서
마른 낙엽처럼 잘도 타오른 나는
혼자 뜨겁게 사랑하다
나 스스로 사랑이 되면 그뿐
그대 굳이 나를 사랑하지 않아도 좋다.

사랑의 우화

내 사랑은 소나기였으나
당신의 사랑은 가랑비였습니다.
내 사랑은 폭풍이었으나
당신의 사랑은 산들바람이었습니다.

그땐 몰랐었지요.
한때의 소나긴 피하면 되나
가랑비는 피할 수 없음을.
한때의 폭풍이야 비켜 가면 그뿐
산들바람은 비켜 갈 수 없음을.

한 사람을 사랑했네
序

사랑을 얻고 나는 오래도록 슬펐다.
사랑을 얻는다는 건
너를 가질 수 있다는 게 아니었으므로.
너를 체념하고 보내는 것이었으므로.

너를 얻어도, 혹은 너를 잃어도
사라지지 않는 슬픔 같은 것.
아아, 나는 당신이 떠나는 길을 막지 못했네.
미치도록 한 사람을 사랑했고,
그 슬픔에 빠져 나는 세상 다 살았네.
세상살이 이제 그만 접고 싶었네.

한 사람을 사랑했네 1

삶의 길을 걸어가면서
나는, 내 길보다
자꾸만 다른 길을 기웃거리고 있었네.

함께한 시간은 얼마 되지 않았지만
그로 인한 슬픔과 그리움은
내 인생 전체를 삼키고도 남게 했던 사람.
만났던 날보다 더 사랑했고
사랑했던 날보다
더 많은 날들을 그리워했던 사람.
뜬눈으로 밤을 지새우다
함께 죽어도 좋다 생각한 사람.
세상의 환희와 종말을 동시에 예감케 했던
한 사람을 사랑했네.

부르면 슬픔으로 다가올 이름.
내게 가장 큰 희망이었다가

가장 큰 아픔으로 저무는 사람.
가까이 다가설 수 없었기에 붙잡지도 못했고
붙잡지 못했기에 보낼 수도 없던 사람.
이미 끝났다 생각하면서도
길을 가다 우연히라도 마주치고 싶은 사람.
바람이 불고 낙엽이 떨어지는 날이면
문득 전화를 걸고 싶어지는
한 사람을 사랑했네.

떠난 이후에도 차마 지울 수 없는 이름.
다 지웠다 하면서도 선명하게 떠오르는 눈빛.
내 죽기 전에는 결코 잊지 못할
한 사람을 사랑했네.
그 흔한 약속도 없이 헤어졌지만
아직도 내 안에 남아
뜨거운 노래로 불리고 있는 사람.
이 땅 위에 함께 숨 쉬고 있다는 이유만으로도

마냥 행복한 사람이여,
나는 당신을 사랑했네.
세상에 태어나 단 한 사람
당신을 사랑했네.

편지 〉

한 사람을 사랑했네 2

한번 떠난 것은 다시는 돌아오지 않네.
강물이 흐르고 있지만 내 발목을 적시던
그때의 물이 아니듯, 바람이 줄곧 불고 있지만
내 옷깃을 스치던 그때의 바람이 아니듯
한번 떠난 것은 다시는 돌아오지 않네.

네가 내 앞에 서 있지만
그때의 너는 이미 아니다.

내 가슴을 적시던 너는 없다.
네가 보는 나도 그때의 내가 아니다.
그때의 너와 난 이 지구 상 어디에도 없다.
한번 떠난 것은 절대로
다시 돌아오지 않는다.
아아, 내가 사랑했던 모든 것,
그 부질없음이여.

한 사람을 사랑했네 3

오늘 또 그의 집 앞을 서성거리고 말았다.
나는 그를 잊었는데

내 발걸음은……, 그를 잊지 않았나 보다.

한 사람을 사랑했네 4

차라리 잊어야 하리라, 할 때
당신은 또 내게 오십니다.

한동안 힘들고 외로워도
더 이상 찾지 않으리라, 할 때
당신은 또 이미 저만치 오십니다.

어쩌란 말입니까, 그대여.
잊고자 할 때
그대는 내게 더 가득 쌓이는 것을.

너무 깊숙이 내 안에 있어
이제는 꺼낼 수도 없는 그대를.

사랑의 이율배반

그대여
손을 흔들지 마라.

너는 눈부시지만
나는 눈물겹다.

떠나는 사람은 아무 때나
다시 돌아오면 그만이겠지만
남아 있는 사람은 무언가.
무작정 기다려야만 하는가.

기약도 없이 떠나려면
손을 흔들지 마라.

가끔은 비 오는 간이역에서
은사시나무가 되고 싶었다

햇볕은 싫습니다.
그대가 오는 길목을 오래 바라볼 수 없으므로.
비에 젖으며 난 가끔은
비 오는 간이역에서 은사시나무가 되고 싶었습니다.
비에 젖을수록 오히려 생기 넘치는 은사시나무,
그 은사시나무의 푸르름으로 그대의 가슴에
한 점 나뭇잎으로 찍혀 있고 싶었습니다.
어서 오세요, 그대.
비 오는 날이라도 상관없어요.
아무런 연락 없이 갑자기 오실 땐
햇볕 좋은 날보다 비 오는 날이 제격이지요.
그대의 젖은 어깨, 그대의 지친 마음을
기대게 해주는 은사시나무. 비 오는 간이역,
그리고 젖은 기적 소리.
스쳐 지나가는 급행열차는 싫습니다.

누가 누군지 분간할 수 없을 정도로 빨리 지나가 버려
차창 너머 그대와 닮은 사람 하나 찾을 수 없는 까닭입니다.
비에 젖으며 난 가끔은 비 오는 간이역에서
그대처럼 더디게 오는 완행열차,
그 열차를 기다리는 은사시나무가 되고 싶었습니다.

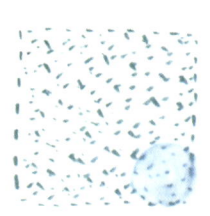

사랑이 내 삶의……

사랑이라는 것,
그것이 불빛 같은 것이었으면 좋겠네.
밤기차를 타고 멀리 여행을 떠나는 사람들에게
따스한 위안을 줄 수 있는 불빛 같은 것.
그 불빛 하나로
깜깜한 밤을 지새우는 사람에게
새벽 여명을 기다릴 수 있게 하는
한 줄기 소망 같은 것.

사랑이라는 것,
그것이 나무 그늘 같은 것이었으면 좋겠네.
힘겨운 삶의 짐을 지고 가다 지친 사람들에게
잠시 쉬었다 갈 수 있게 하는 나무 그늘.
그 무성한 잎새 아래 땀을 식히다
멀리 바라보는 석양은 또 얼마나 아름다운가.

사랑이라는 것,
그것이 내 삶의 쉼표 같은 것이었다가
마침내
마지막 가는 길에 손 흔들어주는
만장挽章 같은 것이었으면 좋겠네.

새벽안개

새벽을 사랑하겠네.
그 첫새벽에 피어오르는 안개를 사랑하겠네.
안개 속에 햇살이 그물망처럼
아름답게 피어오르는 것을 사랑하겠네.
내가 가장 그리워하는 사람,
아니면 나를 가장 그리워하는 사람이
안개가 되어 서성이는 창가,
그 창가를 사랑하겠네.
나는 그렇게 새벽마다 수없이
그대를 떠나보내는 연습을 하네.
내 속에 있는 그대를 지우는,
혹은 그대 속에 있는 나를 지우는.

내가 나로 돌아올 수 있는
그 투명한 시간,
그 안타까운 슬픔을 사랑하겠네.

한 사람

살아가면서 많은 것이 묻히고 잊힌다 하더라도
그대 이름만은 내 가슴에 남아 있기를 바라는 것은
언젠가 내가 바람 편에라도
그대를 만나보고 싶은 까닭입니다.
살아가면서 덮어두고 지워야 할 일이 많겠지만
그대와의 사랑, 그 추억만은 고스란히 남겨두는 것은
그것이 바로 내가 살아갈 수 있는
힘이 되는 까닭입니다.

두고두고 떠올리며 소식 알고픈
단 하나의 사람.
내 삶에 흔들리는 잎사귀 하나 남겨준 사람.
슬픔에서 벗어나야 슬픔이었다는 것을 알게 되듯
그대에게서 벗어나 나 이제
그대 사람이었다는 것을 아네.
처음부터 많이도 달랐지만 많이도 같았던
차마 잊지 못할 내 소중한 인연이여…….

바람 속을 걷는 법 1

바람이 불었다.

나는 비틀거렸고,
함께 걸어주는 이가
그리웠다.

바람 속을 걷는 법 2

바람 불지 않으면 세상살이가 아니다.
그래, 산다는 것은
바람이 잠자기를 기다리는 게 아니라
그 부는 바람에 몸을 맡기는 것이다.
바람이 약해지는 것을 기다리는 게 아니라
그 바람 속을 헤쳐 나가는 것이다.

두 눈 똑바로 뜨고 지켜볼 것,
바람이 드셀수록 왜 연은 높이 나는지.

바람 속을 걷는 법 3

이른 아침, 냇가에 나가
흔들리는 풀꽃들을 보라.
왜 흔들리는지, 하고많은 꽃들 중에
하필이면 왜 풀꽃으로 피어났는지
누구도 묻지 않고
다들 제자리에 서 있다.

이름조차 없지만 꽃 필 땐
흐드러지게 핀다.
눈길 한 번 안 주기에
내 멋대로, 내가 바로 세상의 중심
당당하게 핀다.

허수아비 1

혼자 서 있는 허수아비에게
외로우냐고 묻지 마라.
어떤 풍경도 사랑이 되지 못하는 빈 들판
낡고 해진 추억만으로 한 세월 견뎌왔느니.
혼자 서 있는 허수아비에게
누구를 기다리느냐고도 묻지 마라.
일체의 위로도 건네지 마라.
세상에 태어나
한 사람을 마음속에 섬기는 일은
어차피 고독한 수행이거니.

허수아비는
혼자라서 외로운 게 아니고
누군가를 사랑하기에 외롭다.
사랑하는 그만큼 외롭다.

너의 모습

산이 가까워질수록
산을 모르겠다.
네가 가까워질수록
너를 모르겠다.

멀리 있어야 산의 모습이 또렷하고
떠나고 나서야 네 모습이 또렷하니
어쩌란 말이냐, 이미 지나쳐 온 길인데.
다시 돌아가기엔 너무 먼 길인데.

벗은 줄 알았더니
지금까지 끌고 온 줄이야.
산그늘이 깊듯
네가 남긴 그늘도 깊네.

길의 노래

너에게 달려가는 것보다
때로 멀찍이 서서 바라보는 것도
너를 향한 사랑이라는 것을 알겠다.

사랑한다는 말을 하는 것보다
묵묵히 너의 뒷모습이 되어주는 것도
너를 향한 더 큰 사랑이라는 것을 알겠다.

너로 인해, 너를 알게 됨으로
내 가슴에 슬픔이 고이지 않는 날이 없었지만
네가 있어 오늘 하루도 넉넉하였음을…….

네 생각마저 접으면
어김없이 서쪽 하늘을 벌겋게 수놓는 저녁 해.
자신은 지면서도 세상의 아름다운 뒷배경이 되어주는
그 숭고한 헌신을 보면, 내 사랑 또한
고운 빛깔로 마알갛게 번지는 저녁 해가 되고 싶었다.
마지막 가는 너의 뒷모습까지 감싸줄 수 있는
서쪽 하늘, 그 배경이 되고 싶었다.

둘
어떤 하루

별

너에게 가지 못하고
나는 서성인다.

내 목소리 닿을 수 없는
먼 곳의 이름이여,
차마 사랑한다 말하지 못하고
다만 보고 싶었다고만 말하는 그대여,
그대는 정녕 한 발짝도
내게 내려오지 않긴가요.

별 1

밤하늘엔 별이 있습니다.
내 마음엔 당신이 있습니다.

새벽이 되면 별은 집니다.
그러나 단지 눈에 보이지 않을 뿐
별은 없어지는 것이 아니라는 것,
당신은 아시나요?

그대를 만나고부터 내 마음속엔
언제나 별 하나 빛나고 있습니다.

별 8

우리 서로 멀리 있기 때문에
더 사랑하는 겁니다.

우리 이렇게 떨어져 있기 때문에
더 그리운 겁니다.

마주 보고 있으나
늘 내 안에서 서성이는 이여.

사랑

마음과 마음 사이에
무지개 하나가 놓였다고 생각했다.

그러나,
이내 사라지고 만다는 것은
미처 몰랐다.

사랑은 1

사랑은, 꿈 같은 것이다.
꿈처럼 허망하다는 이야기가 아니라
깨고 난 뒤에야 진실을 깨닫게 하므로.
지금 내가 처해 있는 현실,
그것을 보다 확실하게
깨닫게 해주는 것이 사랑이다.

현실의 벽이 높더라도, 그것을 인식했더라도
사랑하지 않을 수 없는 사랑,
사랑은 바로 그런 것이다.
철저히 현실을 깨닫게 해주지만
철저히 그 현실을 벗어나고 싶게 하는.

사랑은 2

사랑은,
아무것도 보지 않고, 듣지 않고
오직 바다에게로만 달려가는
강물이 되는 일이다.
강물이 되어 너의 바다에
온전히 제 한 몸 내주는 일이다.

사랑은,
아무것도 묻지 않고, 탓하지 않고
온몸으로 강물을 맞이하는
바다가 되는 일이다.
바다가 되어 먼 길을 달려온 너를
포근히 감싸주는 일이다.

사랑은,
그리하여 하나가 되는 일이다.
나는 아무것도 아닌 것이 되어,
털끝 하나라도 남기지 않고
너에게 주어, 나를 버려
너를 얻는 일이다.

촛불

사랑하는 사람과 함께라면
한 자루의 촛불을 켜고 마주 앉아보라.
고요하게 일렁이는 불빛 너머로
사랑하는 이의 얼굴은 더욱더 아름다워 보일 것이고
또한, 사랑은 멀고 높은 곳에 있는 것이 아니라
아주 가깝고 낮은 곳에 있음을 깨닫게 될 것이다.

사랑하는 사람이 그리웁거든
한 자루의 촛불을 켜두고 조용히 눈을 감아보라.
제 한 몸 불태워 온 어둠 밝히는 촛불처럼
사랑하는 사람을 위해 두 손 모으다 보면
당신이 사랑하는 그 사람은 어느새, 다른 곳이 아닌
바로 당신의 마음속에 있음을 깨닫게 될 것이다.

내 가슴 한쪽에

세상의 울타리 안쪽에는
그대와 함께할 수 있는
자리가 없었습니다.
스쳐 갈 만큼 짧았던 만남이기도 했지만
세상이 그어둔 선 위에서
건너갈 수도 건너올 수도 없었기 때문입니다.

그 이후에
쓸쓸하고 어둡던 내 가슴 한쪽에
소망이라는 초 한 자루를 준비합니다.
그 촛불이
힘겨운 사랑이 가져다준 어두움을
조금이라도 밀어내 주길 원했지만
바람막이 없는 그것이 오래갈 리 만무합니다.

누군가를 위해서
따뜻한 자리를 마련해둔다는 것.
아아, 함께 있는 사람들은 모를 겁니다.
오지 않을 사람을 위해
의자를 비워둘 때의 그 쓸쓸함을.
그 눈물겨움을.

세상이라 이름 붙여진 그 어느 곳에도
그대와 함께할 수 있는
자리는 없었습니다.
하지만,
그대가 있었기에 늘 나는
내 가슴속에 초 한 자루를 준비합니다.
건너편 의자도 비워둡니다.

섬

그대 내게로 와서
섬이 되었네.

내 마음 거센 파도로 일렁일 때마다
잠겨버릴 것 같은 섬,
그리움으로 저만치 떠 있는.

늘 주변만 배회하다
끝내 정박하지 못할 섬.
언제쯤 나의 작은 배는
거기에 가 닿을 수 있을까.

섬 2

바다엔 잔뜩 안개뿐이었어요. 그나마 위안이던 먼 바다의 배는 자취를 감추었고 희미한 별빛만이 나를 찾아주었어요. 무엇이 그리움인지도 모르면서. 그리움 또한 이유 없는 가슴앓이……. 섬은 내게 가장 큰 희망이지만 오늘은 아픔이기도 해요. 나는 왜 그리운 것, 갖고픈 것을 멀리 두어야 하나요.

진실로 그를 사랑한다면

그에게 더 이상 줄 것이 없노라고 말하지 말라.
사랑은, 주면 줄수록 더욱 넉넉히 고이는 샘물 같은 것.
진실로 그를 사랑한다면,
그에게 더 이상 줄 것이 없노라고 말하지 말고
마지막 남은 눈물마저 흘릴 일이다.

기어이 가겠다는 사람이 있으면 붙잡지 말라.
사랑은, 보내놓고 가슴 아파하는 우직한 사람이 하는 일.
진실로 그를 사랑한다면,
떠나는 그의 앞길을 막아서지 말고
그를 위해 조용히 고개 끄덕여줄 일이다.

사랑이란 그런 거다.
그를 위해 나는 한 발짝 물러서는 일이다.
어떤 아픔도 나 혼자서 감수하겠다는 뜻이다.
진실로 사랑한다면, 그를
내 안에만 가둬두지 말 일이다.

그저 그렇게

살아 있는 동안
또 만나게 되겠지요.
못 만나는 동안
더러 그립기도 하겠지요.
그러다가 또
무덤덤해지기도 하겠지요.

살아가는 동안
어찌, 갖고 싶은 것만 갖고
하고 싶은 것만 할 수 있나요.
그저 그렇게
그저 그렇게 사는 거지요.

마차가 지나간 자국에 빗물이 고이듯
내 삶이 지나온 자국마다
슬픔이 가득 고였네.

낮고 깊게

묵묵히 사랑하라.
깊고 참된 사랑은 조용하고
말이 없는 가운데 나오나니
진실로 그 사람을 사랑하거든
아무도 모르게
먼저 입을 닫는 법부터 배우라.
말없이 한 발자국씩.

그가 혹시 오해를 품고 있더라도
굳이 변명하지 말라.
그가 당신을 멀리할수록
차라리 묵묵히 받아들이라.

마음 밑바닥에 스며드는 괴로움은
진실로 그를 사랑하고 있기 때문이니
그가 당신을 멀리할 때는
차라리 조금 비켜서 있으라.
그대 사랑을 받아들이지 않는 그를 위해
외려 두 손 모아 조용히 기도하다 보면
사랑은,
어디 먼 곳이 아니라 바로 당신의
마음속에 있음을 깨닫게 될 것이다.

고슴도치 사랑

서로 가슴을 주어라.
그러나 소유하려고는 하지 마라.
소유하고자 하는 그 마음 때문에
고동이 생기나니.

추운 겨울날,
고슴도치 두 마리가 서로 사랑했네.
추위에 떠는 상대를 보다 못해
자신의 온기만이라도 전해주려던 그들은
가까이 다가가면 갈수록 상처만 생긴다는 것을 알았네.
안고 싶어도 안지 못했던 그들은
멀지도 않고 자신들의 몸에 난 가시에 다치지도 않을
적당한 거리에 함께 서 있었네.
비록 자신의 온기를 다 줄 수 없었어도
그들은 서로 행복했네.
행복할 수 있었네.

길 위에서

길 위에 서면 나는 서러웠다.
갈 수도, 안 갈 수도 없는 길이었으므로.
돌아가자니 너무 많이 걸어왔고,
계속 가자니 끝이 보이지 않아
너무 막막했다.

허무와 슬픔이라는 장애물,
나는 그것들과 싸우며 길을 간다.
그대라는 이정표,
나는 더듬거리며 길을 간다.
그대여, 너는 왜 저만치 멀리 서 있는가.
왜 손 한 번 따스하게 잡아주지 않는가.
길을 간다는 것은,
확신도 없이 혼자서 길을 간다는 것은
늘 쓸쓸하고도 눈물겨운 일이었다.

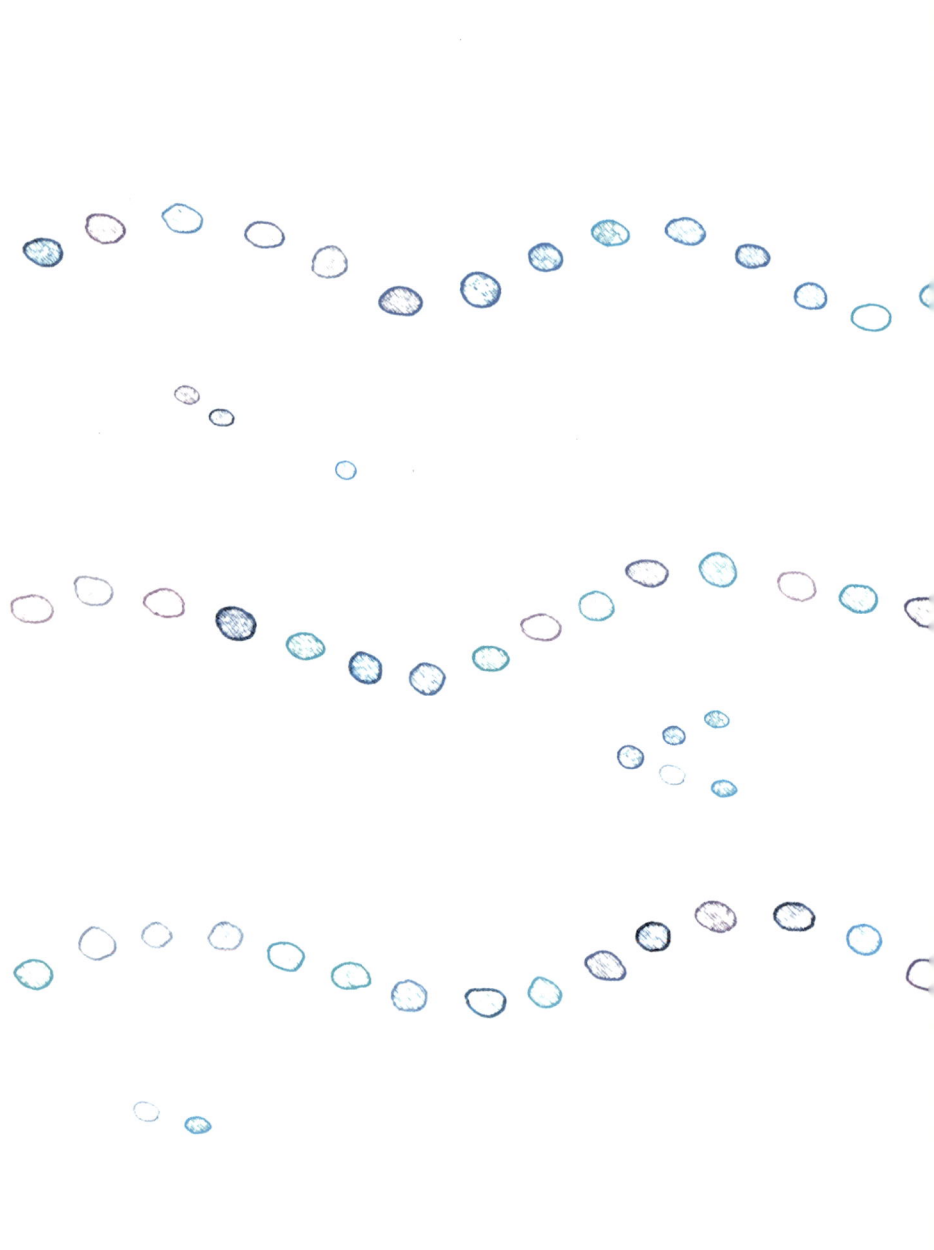

물길

물이 흘러가는 것에도 길이 있고
마음이 흘러가는 것에도 길이 있네.
당신이 그리워 당신에게로 흘러가는
물길 같은 내 마음이여.

조용히 고여 당신을 비추기도 하고
때로는 출렁이다 당신을 조각내기도 한다.
물이 흘러가는 것에도 길이 있고
마음이 흘러가는 것에도 길이 있네.
호수 같은 당신께로 날마다 자맥질하는
바다 같은 당신께로 온전히 주고야 마는
물길 같은 내 마음이여.

기다림의 나무

내가 한 그루 나무였을 때
나를 흔들고 지나가는 그대는
바람이었네.

세월은 덧없이 흘러
그대 얼굴이 잊혀갈 때쯤
그대 떠나간 자리에 나는
한 그루 나무가 되어 그대를 기다리리.
눈이 내리면 늘 빈약한 가슴으로 다가오는 그대.
잊힌 추억들이 눈발 속에 흩날려도
아직은 황량한 그곳에 홀로 서서
잠 못 들던 숱한 밤의 노래를 부르리라.

기다리지 않아도 찾아오는 어둠 속에
서글펐던 지난날의 노래를 부르리라.

내가 한 그루 나무였을 때
나를 흔들고 지나간 그대는
바람이었네.

내가 당신을 사랑하는 것은

당신이 가지고 있는 것보다
당신이 가지지 않은 것 때문에
나는 당신을 사랑합니다.

당신이 가지고 있는 기쁨보다는
당신이 가지고 있는 슬픔 때문에
나는 당신을 더 사랑합니다.

당신이 가지고 있는,
당신이 안고 있는 상처 때문에
나는 당신을 더 사랑합니다.

다른 모든 사람들이
당신의 흠이라고 여기고 있는 그것을
나는, 바로 그것 때문에
당신을 사랑합니다.

편지 〉

내가 당신을 사랑하는 것은
이렇듯 당신을 감싸주기 위해섭니다.
그러니 당신은 내게,
가지고 있지 않은 것 때문에
부끄러워하지 마십시오.
설사 남보다 훨씬 못한 걸 가졌더라도
그것 때문에 슬퍼하지 마십시오.
무엇보다 당신은,
누구도 가질 수 없는 나의 사랑을
가지지 않았습니까.

그런 당신을,
그런 당신의 모든 것을
사랑합니다.

셋
오후 2시의 카페

별에게 묻다

밤이면 나는 별에게 묻습니다.
사랑은 과연 그대처럼 멀리 있는 것인가요.
내 가슴속에 별빛이란 별빛은 다 부어놓고
그리움이란 그리움은 다 일으켜놓고
당신은 그렇게
멀리서
멀리서
무심히만 있는 겁니까.

창문과 달빛

그대는
높은 담장 안
창문입니다.
거대한 벽 앞에
발 부르트던
나는
부르지 않아도
그대 곁에 다가가는
달빛입니다.

조용히 손을 내밀었을 때

내가 외로울 때 누가 나에게 손을 내민 것처럼
나 또한 나의 손을 내밀어 누군가의 손을 잡고 싶다.
그 작은 일에서부터 우리의 가슴이 데워진다는 것을
새삼 느껴보고 싶다.

그대여 이제 그만 마음 아파하렴.

기원

이 한세상 살아가면서
슬픔은 모두 내가 가질 테니
당신은 기쁨만 가지십시오.
고통과 힘겨움은 내가 가질 테니
당신은 즐거움만 가지십시오.

줄 것만 있으면 나는 행복하겠습니다.
더 바랄 게 없겠습니다.

가시

그저 박혀 있을 때는 몰랐었지,
네가 그렇게 아픈 것인 줄은.

뽑으려고 할 때 알 수 있었지,
네가 그렇게도 깊이 박혀 있었다는 것을.
뽑으려고 할수록 아프다는 것을.

나무와 잎새

떨어지는 잎새에게
손 한 번 흔들어주지 않았다.
나무는 아는 게다.
새로운 삶과 악수하자면
미련 없이 떨궈내야 하는 것도 있다는 것을.

자물쇠

문이 하나 있었다.
그 문은 아주 오랫동안 잠겨 있었으므로
자물쇠에 온통 녹이 슬어 있었다.

그 오래된 문을 열 수 있는 것은
마음이라는 열쇠밖에 없었다.
녹슬고 곱고 상처받은 가슴을 녹여
부드럽게 열리게 할 수 있는 것은
따스하게 데워진 마음이라는 열쇠뿐.

닫힌 것을 여는 것은
언제나 사랑이다.

눈 오는 날

눈 오는 날엔
사람과 사람끼리 만나는 게 아니라
마음과 마음끼리 만난다.
그래서 눈 오는 날엔
사람은 여기 있는데
마음은 딴 데 가 있는 경우가 많다.

눈 오는 날엔 그래서
마음이 아픈 사람이 많다.

카페에서

눈이 내립니다.
내리는 눈은 같이 보고 있지만
당신의 생각은 어디쯤 가 있는지
모릅니다.

다만 함께 있음으로
가슴 떨리는 오후

눈이 내립니다.
조금만 더 천천히 내렸으면
좋겠습니다.

기다리는 이유

기다리는 이유를 묻지 말라.
너는 왜 사는가.

지키지 못한 약속이라도 나는 무척 설레었던 것을.
산다는 것은 이렇게 슬픔을 녹여 가는 것이구나.

봄은 왔는데

진달래가 피었다고 했습니다.
어느 집 담 모퉁이에선 장미꽃이 만발했다고 합니다.
그때가 겨울이었지요, 눈 쌓인 내 마음을
사륵사륵 밟고 그대가 떠나간 것이.

나는 아직 겨울입니다.
그대가 가버리고 없는 한 내 마음은 영영
찬 바람 부는 겨울입니다.

눈물

날마다
나는 말라가고 있다.

눈물이 흐른다.
물기만 빠져나가는 것이 아닌
내 영혼의 가벼워짐.

그런데
몸은 왜 이리 무거운가.
왜 자꾸만 가라앉는가.

떠나려는 사람은 강물에 띄워 보내자

떠나려는 사람은
강물에 띄워 보내자.

이 순간이야 한없이 멀어지지만
굳이 슬퍼하지 말자.

언젠가는 강물이 비구름 되어
우르르 우르르 비 오는 소리로
내게 다시 돌아오리니.

밤새 2

　누구나 조금씩은 눈물을 감추며 살지. 슬픔은 우리 방황하는 사랑의 한 형태인 것을. 진정 잊어야 할 아픔에 무감각해지기 위해 더러는 가슴에 황혼을 묻어야 할 때도 있느니. 그리하여 힘겨운 날갯짓에도 별빛으로 내리는 소망 같은 것 하나쯤은 남겨둘 줄도 알아야 하느니, 밤에 우는 새여 날아라. 더 가혹한 슬픔이 네 앞에 놓인다 할지라도 그 슬픔을 앞서 날아라. 이별보다 먼저 날아가라. 결코 눈물 떨구지 말고, 훨훨훨······.

밤새 3

 그대가 가고 없어도 내 마음엔 이별이 없네. 내가 그대를 보내지 않는 한 언제까지나 그대는 나의 사람. 곁에 없다고 해서 그대 향한 나의 마음이 식은 것은 아니기에 그대가 가고 없어도 내 마음엔 이별이 없네. 이 땅에 함께 숨 쉬고 있는 한 언제까지나 그대는 나의 사람. 훨훨 날아가 보렴, 이 세상 어디에 가거나 내가 먼저 닿아 있을 테니.

복사꽃

할 말이 하도 많아 입 다물어버렸습니다. 눈꽃처럼 만발한 복사꽃은 오래가지 않기에 아름다운 것. 가세요, 그대. 떨어지는 꽃잎처럼 가볍게, 연습이듯 가세요. 꽃 진 자리 열매가 맺히는 건 당신은 가도 마음은 남아 있다는 우리 사랑의 정표겠지요. 내 눈에서 그대 모습이 사라지면 그때부터 나는 새로 시작할 수 있을 겁니다. 한낮의 뜨거운 햇볕을 온전히 받아 내 스스로 온몸 달구는 이다음 사랑을.

가로등

 언제부턴가 내 가슴속엔 가로등이 하나 켜져 있었지요. 대낮에도 꺼지지 않았고, 내 삶의 중심에서 골목길까지 훤히 비추는. 어떤 때는 전기가 들어오지 않아 내 심장의 피로 불 밝히는 때도 있었지요.

한밤에서 새벽까지

누가 제 이름을 불러주지 않아도
별은 스스로가 빛난다.
수없이 많은 별들 중에서도
그 어느 하나 빛을 내지 않는 별이 없다.

우리들 잠든 영혼을 깨워주는 종소리
잠에 취해 혼미한 새벽,
잠결에도 우리의 정신을 번쩍 들게 하는
저 맑은 종소리는 도대체 누가 울리는 것인가.

사랑의 우화 2

바다로 흘러 들어가던 강은 곧 실망했습니다.
자신은 전부를 내던졌는데 막상 바다에 닿고 보니
극히 일부분밖에 채울 수가 없는 게 아닙니까.
그래도 상은 따스했습니다. 멀고 험한 길 달려온 뒤
고단한 몸 누일 수가 있었기 때문입니다.

너는 나의 전부인데, 왜 나는
너의 일부분밖에 안 되는지 따지는 사람은
바다를 보되 파도밖에 못 보는 사람입니다.
그 안에 편히 잠들어 있는 강물은
보려야 볼 수 없는 사람입니다.

추억, 오래도록 아픔

사랑이라는 이름보다도 늘 아픔이란 이름으로 다가오던 그대. 살다 보면 가끔 잊을 날이 있겠지요. 그렇게 아픔에 익숙해지다 보면 아픔도 아픔 아닌 것처럼 느껴질 때가 있겠지요. 사랑도 사랑 아닌 것처럼 담담히 맞을 때도 있겠지요. 사랑이란 이름보다는 아픔이란 이름으로 그대를 추억하다가.

무덤덤하게 그대 이름을 불러볼 수 있는 날이 언제인지, 그런 날이 과연 오기는 올는지 한번 생각해보았습니다. 언제쯤 그대 이름을 젖지 않은 목소리로 불러볼 수 있을지, 사랑은 왜 그토록 순식간이며 추억은 또 왜 이토록 오래도록 아픈 것인지······.

넷

다시, 봄

사랑의 방식

나는 나의 방식대로
너를 사랑했다.
너는 너의 방식대로
나를 사랑했으리라.
그 방식이 같을 리 없다.

그 차이를 인정하자.
서로의 방식을 고집하며
그 차이를 인정하지 않는다면
결국 우린
서로 다른 길을 걷게 될 수밖에 없다.

사랑의 간격, 그건 서로
사랑하는 방식의 차이다.

그대 다시 돌아오리라

저 멀리 사라지는 것 같지만
흘러가는 강물은 곧 다시 돌아옵니다.
비구름 되어 다시 돌아옵니다.
지고 말면 그뿐인 깃 같은 낙엽 또한
봄이 되어 새잎으로 다시 돌아옵니다.
강의 상류에서 바다로 먼 길 떠난 연어도
때가 되면 다시 거슬러 돌아옵니다.
세상 만물은 그렇게
제자리를 찾아오게 되어 있습니다.
지금 잠시 자리를 비우는 것일 뿐
언젠가는 제자리 찾아
지친 몸을 누이게 되지요.

바람은 바람대로
나무는 나무대로
물은 물대로
그대 지금 떠난대도
곧 다시 돌아오리라 믿습니다.
내가 살아 있는 한
내가 그대를 보내지 않는 한
그대 자리는 이곳이기 때문입니다.
너무 멀리 가지는 마세요.
너무 오래 비워두진 마세요.

사랑이 왜 아픈지

사랑이 왜 아픈지 아는가?
사랑을 하면 할수록 왜 철저하게 외롭고,
왜 철저하게 고독한 줄 아는가?
가지려고, 소유하려고 하는 데서
상처받는다는 것을 아는가?
서로 적당한 간격으로 서 있는 나무,
그래야 서로에게 그늘을 입히지 않고
그 사랑이 오래갈 수 있다는 것을 아는가?
하지만 사랑은, 서로 사랑하는 사람은
서로에게 좀 더 가까이 다가가지 못해
안달을 부리게 된다.
간격, 당신과 떨어져 있어야 하는 간격,
그것은 죽을 맛이지만 어찌할 것인가.

편지 〉

사랑한다는 것, 그것은 저 나무들처럼
일정한 거리를 유지하는 데 동의하는 일이므로.
사랑한다는 것, 그것은 자기 스스로와
자기가 사랑하는 것 사이의 거리를
참고 인내해야 하는 것이므로.
그래서 사랑은 아픈 것이다.
그래서 사랑은 안타깝고 외로운 것이다.

동행

같이 걸어줄 누군가가 있다는 것,
그것처럼 우리 삶에 따스한 것은 없다.
돌이켜 보면, 나는 늘 혼자였다.
사람들은 많았지만 정작 중요한 순간에는
언제나 혼자였다.
기대고 싶을 때 그의 어깨는 비어 있지 않았으며,
잡아줄 손이 절실히 필요했을 때 그는 저만치서
다른 누군가와 이야기하고 있었다.

그래, 산다는 건 결국
내 곁에 아무도 없다는 것을 확인하는 일이다.
비틀거리고 더듬거리더라도 혼자서 걸어가야 하는
길임을. 들어선 이상 멈출 수도
가지 않을 수도 없는 그 외길…….

같이 걸어줄 누군가가 있다는 것,
아아, 그것처럼 내 삶에 절실한 것은 없다.

사랑해서 외로웠다

나는 외로웠다.
바람 속에 온몸을 맡긴
한 잎 나뭇잎.
때로 무참히 흔들릴 때,
구겨지고 찢어지는 아픔보다
나를 더 못 견디게 하는 것은
나 혼자만 이렇게 흔들리고 있다는
외로움이었다.

어두워야 눈을 뜬다.
혼자일 때, 때로 그 밝은 태양은
내게 얼마나 참혹한가.
나는 외로웠다.

어쩌다 외로운 게 아니라
한순간도 빠짐없이 외로웠다.
그렇지만 이건 알아다오.
외로워서 너를 사랑한 건 아니라는 것.
그래, 내 외로움의 근본은 바로 너다.
다른 모든 것과 멀어졌기 때문이 아닌
무심히 서 있기만 하는 너로 인해,
그런 너를 사랑해서 나는,
나는 하염없이 외로웠다.

바람막이

짙은 안개,
내가 서 있는 곳이 어딘지
분간도 못 할 만큼.

내 삶의 절반 이상도
안개였다. 내 생애 어디 한 군데
마른 곳이 있었던가,
늘 안개에 젖어 지나온 것을.
춥다. 옷을 두껍게 껴입었는데도 자꾸 춥다면
마음이 추운 탓이리라.

신神이 왜 겨울을 내려주었을까.
그건 아마도 서로 손잡고 살라는 뜻,

따스한 마음을 서로 나눠 가지라고.
그래, 이 혹독한 겨울에는
서로 바람막이가 되어야 하리.
내가 그의 바람막이가 되어준다는 것은
그 또한 나의 바람막이가 되어준다는 것.
갈대 하나로는 서기 어렵지만
갈대들이 모이면
서로 기대어 설 수 있으므로.

그래야 쓰러지지 않고,
그래야 외롭지 않으므로.

그대가 생각났습니다

햇살이 맑아 그대가 생각났습니다.
비가 내려 또 그대가 생각났습니다.
전철을 타고 사람들 속에 섞여보았습니다만
어김없이 그대가 생각났습니다.
음악을 듣고 영화를 보았습니다만
그런 때일수록 그대가 더 생각났습니다.
그렇습니다. 숱한 날들이 지났습니다만
그대를 잊을 수 있다 생각한 날은 하루도 없었습니다.
더 많은 날들이 지나간대도
그대를 잊을 수 있으리라 생각하는 날 또한 없을 겁니다.
장담할 수 없는 것이 사람의 일이라지만
숱하고 숱한 날 속에서 어디에 있든 무엇을 하건
어김없이 떠오르던 그대였기에
감히 내 평생
그대를 잊지 못하리라 추측해봅니다.

당신이 내게 남겨준 모든 것들,
그대가 내쉬던 작은 숨소리 하나까지도
내 기억에 생생히 남아 있는 것은
아마도 이런 뜻이 아닐는지요.
언젠가 언뜻 지나는 길에라도 당신을 만날 수 있다면,
스치는 바람 편에라도 그대를 마주할 수 있다면
당신께,
내 그리움들을 모조리 쏟아부어 놓고, 펑펑 울음이라도……,
그리하여 담담히 뒤돌아서기 위해서입니다.
아시나요, 지금 내 앞에 없는 당신이여.
당신이 내게 주신 모든 것들을 하나 남김없이
돌려주어야 나는 비로소 홀가분하게 돌아설 수 있다는 것을.
오늘 아침엔 장미꽃이 유난히 붉었습니다.
그래서 그대가 또 생각났습니다.

꽃이 피기까지

사랑은 그냥 오지 않는다.
반드시 장애물을 가지고 온다.
행복도 그냥 오지 않는다.
반드시 훼방꾼들을 거느리고 온다.

꽃이 그냥 피는 줄 아는가.
한 잎 꽃송이를 피워내기 위해선
온몸으로 뜨거운 볕을 받아낸
저 잎새의 헌신과 노력이 있었음을.
꽃샘추위를 무사히 겪어내고서야
따스한 봄볕 또한 만끽할 수 있다는 것을.
사랑은 그냥 오지 않는다.
행복도 그냥 오지 않는다.
저 무수한 장애물을 뛰어넘어야
저 무수한 훼방꾼들을 몰아내어야
비로소 우리 손에 거머쥘 수 있는 것.

난 너에게

난 압니다.
네 가슴속에 자리하고 있는 나의 흔적이
아직은 보잘것없음을.
그러나 난 또 믿고 있습니다.
세월이 흐르고 흐르면
내 모든 노력들이 헛되지 않아
너의 몸속을 가득 채울 맑은 피로
내가 떠돌게 될 것을.

나는 압니다.
네가 좋아하는 연분홍빛 노을,
난 너에게 영원히 지워지지 않는
연분홍빛 노을로 네 가슴에 남게 될 것을.

그런 날이 또 있었습니다

그런 날이 있었습니다.
헤어지자, 헤어지자 했는데
외려 더 선명히 떠오르는.

그런 날이 있었습니다.
생각하지 않으려고 했는데
그 마음 틈새로 자꾸만 보고 싶은.

그래서 가슴이 아픈
그런 날이 있었습니다.

그래서 눈물이 나는
그런 날이 또 있었습니다.

사랑이라는 이름의 종이배

1
때때로 난
그의 사랑을 확인하고 싶었다.
그가 지금 어디에 있으며
무엇을 하고 있는지 또한 알고 싶었다.
가능하면 그와 함께이고 싶었다.
당신은 당신의 아픔을 자꾸 감추지만
난 그 아픔마저 나의 것으로
간직하고 싶었다.

2
그러나 언제나 사랑은
내 하고 싶은 대로 하게끔
가만히 놓아두지 않았다.
이미 내 손을 벗어난 종이배처럼
그저 물결에 휩쓸릴 뿐이었다.
내 원하는 곳으로 가주지 않는 사랑.

잔잔하고 평탄한 길이 있는데도
굳이 험하고 물살 센 곳으로 흐르는 종이배.
사랑이라는 이름의 종이배.

떠나간 것들은 다시 오지 않는다

나를 떠나간 것들은 수없이 많았다.
강물처럼 흘러간 것들, 바람처럼 스쳐 지나간 것들.
내 곁에 한참이나 머문 것들도 더러 있었지만
결국 그것들도 때가 되면 어디론가 사라져갔다.
매번 나는 안타까웠고 슬펐다.
잡으려 할수록 떠날 시기만 앞당겨졌을 뿐이었고,
잡으려 할수록 그것들은 더 멀어져 갈 뿐이었다.
세월도 예외는 아니었다.
사랑도, 청춘도 마찬가지였다.
내 곁에 머물게 할 수 있는 것이
이 세상 어디 있으랴.
내가 할 수 있는 일은 그저 그들의 뒷모습을
조용히 바라보는 것뿐이었다.

떠나간 것들이 다시 올 것이라고 믿지 말라.
행여 소식이라도 전해 올까 기웃거리지 말라.
전화기도 꺼두고, 이메일도 열어보지 말라.

한번 떠나간 것들은 다시 오지 않는다.
떠난 것들이 다시 돌아오는 법 없다.

욕심

삶은 나에게 일러주었네.
나에게 없는 것을 욕심내기보다는
내가 갖고 있는 것을 소중히 하고
감사히 여기라는 것을.

삶은 내게 또 일러주었네.
갖고 있는 것에 너무 집착하지 말기를.
그것에 지나치게 집착하다 보면
외려 잃을 수도 있다는 것을.

내가 가진 것이 무엇인가.
내가 가질 수 있고,
가질 수 없는 것은 또 무엇인가.
나는 여태껏
욕심만 무겁게 짊어지고 있었네.

사랑이라는 이름의 길

세상엔 수도 없이 많은 길이 있으나
늘 더듬거리며 가야 하는 길이 있습니다.
눈부시고 괴로워서 눈을 감고 가야 하는 길,
그 길이 바로 사랑이라는 이름의 통행로입니다.
그 길을 우리는 그대와 함께 가길 원하나
어느 순간 눈을 떠보면 나 혼자 힘없이
걸어가는 때가 있습니다.
쓸쓸한 뒷모습을 보이며 그대가 먼저
걸어가는 적도 있습니다.
그리하여 사랑이라는 이름의 길은
기쁨보다는 슬픔, 환희보다는 고통, 만족보다는
후회가 더 심한 형벌의 길이나 다름없습니다.
그러나 설사 그렇다 치더라도 우리가 어찌
사랑하지 않고 살 수 있겠습니까.
지금 당장은 고통스럽더라도
햇빛 따사로운 아늑한 길이 저 너머 펼쳐져 있는데
어찌 우리가 그 길을 가지 않을 수 있겠습니까.

길을 가다가

때로 삶이 힘겹고 지칠 때
잠시 멈춰 서서 내가 서 있는 자리,
내가 걸어온 길을 한번 둘러보라.
편히 쉬고만 있었다면
과연 이만큼 올 수 있었겠는지.

힘겹고 지친 삶은
그 힘겹고 지친 것 때문에
더 풍요로울 수 있다.
가파른 길에서 한숨 쉬는 사람들이여,
눈앞의 언덕만 보지 말고
그 뒤에 펼쳐질 평원을 생각해보라.
외려 기뻐하고 감사할 일이 아닌지.

유성

더 이상 기다릴 수 없었던 어떤 별은
마지막으로 선택하지 않을 수 없었다.
제 몸을 다 불태워서라도
누군가에게 건너가는.

그 별을 보면 숙연해지지 않을 수 없다.
한순간, 누군가에게 당도하기 위해
자기의 모든 것을 소멸했던 별.
그래, 나는 언제 내 모든 것을 바쳐
너에게 당도하려 했던 적 있던가.
밤하늘의 유성, 그 장엄한 최후를 보면
내 자리는 끝내 지키려고 했던 내가
못내 부끄러웠다. 내 것은
티끌 하나라도 버리지 않으려고 했던
내가 몹시 부끄러웠다.

이 아침

커피 물을 끓이는 시간만이라도
당신에게서 놓여 있고 싶었습니다만
어김없이 난 또 수화기를 들고 말았습니다.
사랑에 대해 많은 생각을 한 요 며칠,
그대가 왜 그렇게 떠나갔는지
왜 아무 말도 없이 떠나갔는지
그 이유가 몹시 궁금했습니다.
어쩌면 내가 당신을 너무 사랑한 것이 아닐까요.
잠시라도 가만히 못 있고 수화기를 드는,
커피 물을 끓이는 순간에도 당신을 생각하는
내 그런 열중이 당신을 너무 버겁게 한 건 아닐까요.
너무 물을 많이 줘서 외려 말라 죽게 한
저 베란다의 화초처럼.
여전히 수화기 저편에서는 아무런 대답이 없고,
늘 그러는 것처럼 용건만 남기라는 낯모를 음성에
나는 아무 할 말도 못 하고 머뭇거립니다.
그런 순간에 커피 물은 다 끓어 넘치고

어느덧 새카맣게 타들어가는 주전자를 보며,
어쩌면 내 그런 집착이 내 마음을 태우고
또 당신마저 다 타버리게 했는지도
모르겠다는 생각을 했습니다.
물은 새로 끓이면 되지만
내 가슴을 끓게 만들 사람은
당신 말고는 다시없을 거란 생각에
당신이 또 보고 싶어졌습니다.
내 입에 쓰게 고여오는 당신,
나랑 커피 한 잔 안 하실래요?

꽃잎의 사랑

내가 왜 몰랐던가,
당신이 다가와 터뜨려주기 전까지는
꽃잎 하나도 열지 못한다는 것을.

당신이 가져가기 전까지는
내게 있던 건 사랑이 아니니
내 안에 있어서는
사랑도 사랑이 아니니

아아 왜 몰랐던가,
당신이 와서야 비로소 만개할 수 있는 것.
주지 못해 고통스러운 그것이 바로
사랑이라는 것을.

슬픈 나무

가문 날이면
내 그리움도 목이 타네.
비 내리는 날이면
내 그리움 또한
어김없이 비에 젖고.

바람 불면 바람 부는 대로
눈 내리면 눈 내리는 대로
한자리에 서서 다 받아주며
뿌리로만 신음을 내는
한 그루 나무를 아는가.

몸은 여기 묶여 있지만
마음은 온전히 그대에게 가 있는
빈 나무.
사랑하는 일이 살아가는 일보다 더 버거운
한 그루 슬픈 영혼을 아는가.

그 겨울

가슴을 맞대며 살아야 한다.
그렇게 서로
온기를 나누며 살아야 하느니.

겨울이 추운 것은
서로 손잡고 살라는 뜻이다.
손잡아 마음까지
나누며 살라는 뜻이다.

그 겨울,
우린 서로 등을 돌렸네.
함께 가지 못하고
서로 딴 길을 걸어갔네.
그리하여 그 겨울은
내 삶의
가장 추운 날들이었네.

별이 지다

그대, 라는 말을 떠올리는 것만으로도
내 가슴이 먹먹해져 온다는 사실,
그대는 아시는지요. 당신으로 인해 내 가슴은 온통
아픔으로 점점이 박힌 밤하늘이었다는 것을.

저 별이 뜨다 그냥 지고 만 것은
나름대로 다 까닭이 있겠지요.
시작도 못 해보고 접어야 할 내 사랑도
다 그럴 만한 사연이 있었듯이.

그렇게 살아야지 뭐 어쩔 도리가 있나요.
마음대로 할 수 없는 게 어디 그것뿐인가요.
그저 그렇게 한세상 사는 거지요.
아프면 아픈 대로, 그리우면 그리운 대로.

그대여, 별이 지네요.
하늘에 떠서 빛나보지도 못한 채 별이 지네요.
그렇게 내 사랑도 저무네요.
내 남은 삶마저도······.